maçã

apple

pera

pear

laranja

orange

limão

lemon

uvas

grapes

morango

strawberry

melancia

watermelon

coco

coconut

banana

banana

framboesa

raspberry

quivi

kiwi

cereja

cherry

mirtilo

blueberry

ameixa

plum

pêssego

peach

figo

fig

ananás

pineapple

manga

mango

dióspiro

persimmon

couve-flor

cauliflower

curgete

 zucchini
🇬🇧 courgette

beringela

eggplant

cenoura

carrot

batata

potato

couve

cabbage

tomate

tomato

espinafre

spinach

brócolos

broccoli

ervilhas

peas

abóbora

pumpkin

abóbora-menina

butternut squash

abacate

avocado

alcachofra

artichoke

cogumelo

mushroom

rabanete

radish

alho

garlic

cebola

onion

beterraba

 beet
🇬🇧 beetroot

alho-francês

leek

pimento

bell pepper

pimenta-malagueta

🇺🇸 chili pepper
🇬🇧 chilli pepper

espargos

asparagus